Abrégé
de la vie de
Silva

18971

ABRÉGÉ

DE

LA VIE

DE SILVA.

TIRÉE D'UN OUVRAGE INTITULÉ :

DISSERTATIONS ET CONSULTATIONS MÉDICINALES de MM. CHIRAC, Conseiller d'Etat et premier médecin du Roi;

Et SILVA, médecin consultant du Roi, et premier médecin de S. A. Mgr. le Duc.

A PARIS,

Chez DURAND, Libraire, rue Saint-Jacques, à Saint-Landry et au Griffon.

M. DCC. XLIV.

ABRÉGÉ

DE

LA VIE

DE SILVA.

Jean-Baptiste SILVA naquit à Bordeaux
le 13 janvier de l'année 1682. Son père, qui,
pendant plus de soixante ans, y exerça la médecine avec distinction, lui donna une éducation
conforme aux vues qu'il s'était proposées. Il en
voulait faire un médecin ; et, instruit par Hi-
pocrate, et l'expérience de la multiplicité de
connaissances que demande cet état, des diffi-
cultés inséparables de l'exercice de la profession,
et de la brièveté de la vie, il ne négligea rien
pour tirer partie de bonne heure des heureuses
dispositions qu'il trouva dans son fils. On peut
juger, par le succès des attentions du père, si le
fils y répondit. Il fut reçu docteur à Montpellier
au mois de février 1702, n'étant alors âgé que
de dix-neuf ans. Le bonheur qu'il eut d'y prendre
des leçons d'un professeur dont la réputation
ajoutait encore à celle de cette célèbre uni-

versité, ne contribua pas peu au succès qu'il eut dans ses actes publics et particuliers, et même à l'estime universelle qu'il s'acquit par la suite. Aussi M. Chirac, appelé à Paris pour y remplir successivement les places les plus éminentes dans sa profession, vit-il toujours avec une complaisance égale à la reconnaissance de son disciple, les fruits heureux de ses savantes instructions. Le désir de se perfectionner dans son art détermina M. Silva, dès qu'il fut docteur, à chercher les connaissances dans leur source. Il vint à Paris, s'attacha à M. Helvetius, père de celui qui répond si dignement à la confiance dont la reine l'honore. M. Helvetius trouvant dans le jeune docteur une capacité fort au-dessus de son âge, et les plus heureuses dispositions, crut ne pouvoir mieux faire que de l'aider de tout son pouvoir. Naturellement porté à faire plaisir à tout le monde, que ne devait-il point entreprendre en faveur d'un mérite éclatant? Il fit connaître chez ses malades celui de M. Silva; il se reposa sur lui d'une partie des affaires dont il était accablé, et l'application infatigable de l'élève justifiant les éloges du protecteur, lui acquit bientôt la confiance directe de ceux qu'il ne traitait d'abord que sous des auspices étrangers.

Il est à propos de remarquer qu'en arrivant à

Paris , M. Silva n'ambitionna point de se jeter dans la pratique. Il crut devoir faire une étude particulière de la chimie , de la pharmacie et de la matière médicinale ; ce qui lui fit prendre un logement chez un apothicaire célèbre. Les progrès qu'il fit dans les sciences ont été constatés par les succès d'un ouvrage anonyme qu'il composa dans ce temps, et dont il n'a jamais voulu dire le titre à ceux mêmes en qui il avait le plus de confiance.

L'application et les progrès que l'apothicaire remarquait dans M. Silva, en lui acquérant l'estime de son hôte , produisaient un effet très-désavantageux à un jeune homme à qui M. Silva était fort attaché. L'apothicaire avait un fils dans lequel il aurait souhaité voir autant d'ardeur pour se perfectionner dans sa profession qu'il en voyait au jeune docteur, à qui les connaissances qu'elle demande étaient bien moins nécessaires. M. Silva ayant inutilement employé ses bons offices en faveur du fils, s'avisa d'un expédient assez singulier pour justifier en quelque manière l'indifférence du fils pour sa profession. Il composa, sous le nom du fils, un ouvrage de littérature, qui a aussi été imprimé anonyme, et débité avec succès, s'imaginant que le père aurait quelque indulgence pour son fils, en considération de l'objet qui divertissait son attention.

Cette ruse produisit son effet. Il n'est donc point étonnant que M. Silva ait gardé un secret impénétrable sur le titre de ce second ouvrage. Dès qu'il eut acquis dans la chimie, la pharmacie, et la matière médicinale, les connaissances qu'il crut nécessaires, M. Silva se tourna tout entier du côté de la pratique. Rien ne pouvait le détourner de l'application qu'il y donnait ; elle lui faisait éviter toutes les relations qui pouvaient l'en distraire. Il y avait déjà long-temps qu'il occupait un appartement dans la maison de M. Prevost, procureur au Châtelet, sans qu'il eût profité de l'accès qu'y trouvaient les gens de mérite et d'honneur, lorsqu'un pensionnaire extrêmement recommandé à M. Prevost, à qui d'ailleurs il suffisait qu'on demeurât chez lui pour avoir droit à toutes ses attentions, fut attaqué pendant la nuit d'une pleurésie extrêmement aiguë. Le prompt secours dont le malade avait besoin le fit chercher dans l'endroit le plus proche. On pria M. Silva de descendre ; il n'eut garde de laisser échapper l'occasion de former une liaison qu'il avait regretté plus d'une fois d'avoir négligée : ses soins furent heureux, et le malade guérit promptement. Entre autres enfans, M. Prevost avait une fille qui réunissait les avantages des agrémens extérieurs, avec la bonté du caractère et la délicatesse de l'esprit. Il faut souvent moins d'attraits pour captiver le cœur d'un jeune homme. Aussi M. Silva lui rendait-il toute la justice qu'elle méritait, autant par sentiment que par raison. Il la demanda en mariage. Les espérances d'un établissement avantageux, fondées sur un mérite distingué, étaient alors son unique bien. Aussi, lorsque M. Prevost lui demanda sur quoi il assignerait le douaire de la future, il répondit, sans se décontenancer, *sur les brouillards de la Seine.* M. Prevost, homme d'esprit, démêlant une vérité constante dans cette expression triviale, employée par un médecin dont la réputation commençait à s'établir, et une sécurité pour l'avenir, qui lui parut d'un bon augure, trouva le fond assez solide pour passer sur le peu de fortune actuelle de M. Silva : il lui accorda donc sa fille ; et le mariage fut célébré le. . . . . 1710.

M. Silva s'était peu embarrassé jusqu'alors d'acquérir le droit d'exercer librement la médecine à Paris. Mais son changement d'état demandait des vues nouvelles. D'ailleurs il ne voulait point déplaire à M. Fagon, alors premier médecin, qui soutenait avec chaleur les priviléges de la première faculté du royaume, dont il faisait lui-même partie. M. Silva se mit donc sur les bancs, et reçut le bonnet de docteur la fin de sa licence, en 1712. Il serait étonnant qu'il se fût fait moins d'admirateurs dans les examens et thèses qu'exigent la Faculté de Paris, qu'il n'en avait eu à Montpellier. Aussi, s'il se trouva fort honoré d'être associé à ce corps illustre, ce corps se félicita-t-il de l'acquisition qu'il avait faite. Ce nouveau grade contribua encore à le faire connaître. Le connaître et l'estimer était la même chose. Cependant il était toujours renfermé dans les bornes étroites d'une pratique purement bourgeoise ; mais une cure d'éclat devait bientôt le produire dans le grand monde.

Il avait ci-devant guéri d'une passion iliaque, survenue ensuite d'une couche, la femme d'un peintre connu à Paris par un grand nombre de portraits, M. Fontaine ; une dame d'une naissance illustre, attaquée du même mal dans les mêmes circonstances, épuisait inutilement la science des médecins les plus célèbres. Sa garde, qui l'avait été de la dame Fontaine, dans le temps que M. Silva l'avait guérie, conseilla à la malade d'avoir recours à ses lumières. On eut d'abord beaucoup de peine à y consentir. Quelle espérance concevoir des soins d'un jeune homme qui n'a point d'équipage, quand les médecins les plus célèbres sont en défaut ! Cependant l'accident devenant de plus en plus redoutable, on consentit de voir M. Silva ; et la judicieuse application qu'il fit des remèdes, aidée de la confiance que la garde avait inspirée à la malade, passa les espérances qu'on avait osé concevoir. Il suffit de connaître la façon de penser des gens de qualité pour juger de l'effet que produisit cette cure. Il leur fut permis d'avoir recours à M. Silva, sans se compromettre. Aussi M. le duc de Beauvilliers étant tombé malade à Arras, fit-on partir en toute diligence M. Silva pour aller à son secours. En arrivant, il trouva le malade sans connaissance. Tous les médecins de la ville assemblés dans sa chambre, et entièrement persuadés qu'il touchait à ses derniers momens, témoignèrent à M. Silva le regret qu'ils avaient de ce qu'il venait si tard à leur secours. Après un mûr examen, il fut d'avis qu'on seignât la malade au pied. Soit que les médecins ne fussent pas encore revenus de leur prévention contre ce remède, ou qu'ils fussent persuadés de son inutilité dans les circonstances, ils s'y opposèrent d'abord, et ne se rendirent qu'à l'autorité de Celse, qui conseille d'employer plutôt un remède douteux que de livrer le malade à une mort infaillible. Ils regardèrent donc attentivement couler le sang du malade, comptant toujours que son évacuation ne ferait que hâter la fin de sa vie. On peut juger de leur étonnement, lorsque la tête se dégagea, avant même que la veine fût fermée. Une seconde saignée, faite sans opposition, ayant mis le duc à l'abri du retour de ce dangereux accident, et les mesures pour la suite étant bien concertées, M. Silva revint à Paris couvert d'une gloire nouvelle et avec un nouveau droit à la confiance des gens de qualité. Il ne tarda pas à recueillir des fruits glorieux et utiles des cures qu'il fit des personnes distinguées de la cour et de la ville. Sa réputation, déjà établie en 1721, le fit appeler par M. le duc d'Orléans, régent, dans les consultations qui furent faites au château des Tuileries sur le danger où le roi se trouvait alors. La saignée du pied qui avait si bien servi M. Silva dans la cure de M. de Beauvilliers, ne lui manqua pas dans cette occasion importante. Ce remede, qu'il conseilla, comme le plus jeune des consultans, ayant été adopté par les autres, lui procura la gloire de rendre à la France un roi l'objet de ses inquiétudes et de ses alarmes, qui lui marqua son estime et sa reconnaissance, par un brevet de quinze cents livres de pension dont il le gratifia. Les succès brillans excitent plus communément l'envie qu'une noble émulation. M. Silva avait donc des ennemis. Ils s'imaginèrent avoir trouvé, en l'année 1723, une occasion favorable de lui nuire, peut-être même de

le perdre. Ils n'eurent garde de la laisser échapper. Il régnait alors à Paris une petite vérole
épidémique , du caractère le plus malin. Il
mourut entre les mains de M. Silva quelques
personnes de considération ; on en accusa la
pratique , prétendue nouvelle, qu'il voulait in-
troduire. Ces bruits injurieux passèrent jusqu'à
la cour, et M. Dodart, alors premier médecin ,
écrivit à M. Silva pour s'éclaircir de la vérité;
c'est ce qui lui donna lieu de composer ses ob-
servations sur la petite vérole , ouvrage également digne d'un médecin savant et judicieux ,
et d'un exact observateur. Aussi ferma-t-il la
bouche à l'imposture. Deux princes du sang
avaient été attaqués de cette cruelle maladie,
Monseigneur le duc Louis Henri de Bourbon ,
prince de Condé , et Monseigneur le prince de
Conti; tous deux avaient été traités par M. Silva,
et tous deux guéris. Le danger imminent auquel
le premier de ces princes avait été arraché, ne
demanda rien moins qu'une confiance sans ré-
serve ; il lui fit l'honneur de le choisir pour son
premier médecin. M. Silva fils est en état de
fournir des preuves authentiques que cette confiance ne s'est jamais démentie, tant de la part
de Monseigneur le duc, que de toute la maison
Condé , puisqu'il peut représenter deux brevets,
chacun de mille livres de pension viagère , l'un à

lui accordé en 1730, par forme de donation
entre-vifs, par S. A. Madame Louise de Bourbon, veuve de Louis de Bourbon, prince de
Condé, connue dans le monde sous le nom
de Madame la Duchesse, en considération des
services de son père ; l'autre accordé au père
en 1734, et reversible au fils, sur la commission de la garde des archives de la maison
du Roi. Ces marques honorables des bontés
de la maison de Condé n'ont point lieu de sur-
prendre, si l'on se rappelle ce que M. le duc,
faisant alors les fonctions de premier ministre,
engagea le Roi à faire en faveur de M. Silva.
M. Boudin ayant été attaqué, en l'année 1724,
d'une maladie qui l'empêchait de faire les fonctions de médecin consultant du Roi, M. Silva
obtint de M. Boudin sa démission, à condition
qu'il continuerait de jouir jusqu'à sa mort des
appointemens qui y sont attachés, et qu'après lui
on ferait une pension viagère à une nièce qu'il ai-
mait tendrement. Ces arrangemens pris, bien que
la place de médecin consultant ne soit qu'une
commission, le Roi agréa la démission de M. Boudin, aux conditions stipulées, et fit à M. Silva
l'honneur de lui conférer cette dignité. En con-
séquence, la pension de quinze cents livres qu'il
lui avait accordée en 1721, aurait dû être
éteinte ; mais, trop content de ses services pour

rien diminuer de ses faveurs, le Roi transporta cette pension à la dame Silva, par brevet du 30 septembre 1729. On remarquera, à propos de ce brevet, que cette dame étant morte, le Roi, toujours aussi bien disposé en faveur du père, en consentit le transport sur la tête du fils. Depuis que M. Silva eût été nommé médecin consultant du Roi, il lui donna de nouvelles preuves de son zèle et de sa capacité ; et la Reine en ressentit les effets, lorsqu'elle fut malade en 1726. Tant d'heureux succès de la pratique de M. Silva rendirent son nom célèbre, non-seulement en France, mais dans les pays étrangers. Un prince que ses vertus ont rendu les délices de la France, dans le temps que ses disgrâces l'ont obligé d'y chercher un asile, le sérénissisme électeur de Bavière, Maximilien-Emmanuel-Maris, attaqué d'une maladie des plus graves, eut recours à ses lumières. Il le fit d'abord consulter, sans lui faire confidence de la dignité du malade. On avait pris les mêmes précautions avec M. Chirac, qui fut consulté dans le même temps. C'est le prince d'Allemagne dont il est parlé dans la préface qui est à la tête de ce recueil. La consultation de MM. Chirac et Silva fut si goûtée de ceux qui avaient la confiance de l'électeur, que ce prince fit demander au Roi la permission de faire venir le dernier à Munich.

Il y resta un temps assez considérable , et procura à l'électeur tout le soulagement qu'il avait
droit d'espérer dans sa situation. Ce prince ,
content du zèle de M. Silva , et du succès de
ses soins , le rendit à ses devoirs et à sa patrie ,
comblé d'honneurs et de présens.

On a vu jusqu'à présent M. Silva occupé d'une
gloire qui ne survit pas long-temps à ceux qui
l'ont acquise. A peine , en effet , connaît-on le
nom des médecins qui ont eu le plus de réputation dans le temps qu'ils faisaient les délices des
potentats auxquels ils étaient attachés. La noble
passion de se survivre à lui-même, et de se
rendre utile à la société , lors même qu'il n'en
ferait plus partie , détermina M. Silva à donner
au public les fruits de son expérience , de ses
lumières et des momens qu'il pouvait dérober
à un exercice continuel de sa profession. Il pu-
blia donc , en 1727 , un Traité de l'usage des
différentes sortes de saignées , et principalement
de celle du pied. On ne s'attend point sans doute
d'en trouver ici l'analyse; car , outre qu'il est
suffisamment connu , il mérite bien d'être lu en
entier par ceux qui ne le connaîtraient pas. Il
eut le sort de tous ceux qui parurent avec éclat.
Les éloges fastueux que lui donnèrent la Faculté
de médecine de Paris , et des médecins étrangers du premier ordre , tels , par exemple , que

le célèbre Boërhaave, des traductions en plusieurs langues, des contrefactions qui en furent
faites en différens pays, ne le mirent point à
l'abri des critiques. MM. Hecquet, Chevalier,
Senac, médecins; Quesnay, chirurgien, écrivi-
rent contre ses principes, et sa pratique, dans
le commencement que l'ouvrage parut. Depuis
ce temps, M. Tralles, médecin d'Uratislaw en
Silésie, M. Martin, et depuis peu, quoique
indirectement, M. Gourraigue, professeur à
Montpellier, l'ont attaqué. C'est dommage,
sans doute, que les occupations de M. Silva,
qui se multipliaient tous les jours, et la fin de
sa vie, qu'il trouva dans un âge où l'on a tout
lieu d'espérer d'en voir prolonger le cours, ne
lui aient point permis de dégager la parole qu'il
avait donnée solennellement de faire une nouvelle édition de cet ouvrage, qui contiendrait
la réponse à toutes les objections qui lui avaient
été faites par ces différens adversaires. Au reste,
ses occupations ne l'empêchaient pas d'y tra-
vailler de temps en temps; et l'on a trouvé après
sa mort beaucoup de morceaux décousus qu'il
comptait employer dans la seconde édition,
mais qui demandent tellement à être placés
par la main de l'auteur, qu'il n'y avait que lui
qui pût en tirer parti. Quoi qu'il en soit, on
croit pouvoir assurer, sans témérité, que l'ou-

vrage, tel qu'il est, passera aux siecles reculés.
L'année qui suivit la publication du Traité de
l'usage des saignées, mérita de nouveaux lau-
riers à M. Silva. Les plaintes qu'on avait faites
contre sa pratique, dans le traitement de
la petite vérole épidémique de 1723, n'em-
pêchèrent pas le roi attaqué de cette maladie,
en 1728, de l'honorer de la même confiance
que par le passé, et d'avoir lieu de s'en louer.
Depuis ce temps, Sa Majesté n'a pris part à la
santé de personne, sans souhaiter que M. Silva
l'aidât de ses conseils ; et c'est en partie à leur
prudence que nous avons obligation des jours
d'un prince également propre et destiné à faire
notre bonheur et celui de nos neveux. Le Roi,
qui partageait la joie que répandait dans tout le
royaume l'heureuse convalescence de Monseigneur le Dauphin (1), voulant donner à tous ceux
qui y avaient contribué des marques de son estime, eut la bonté de leur en laisser le choix.
M. Silva, qui avait rejeté l'honneur qu'on voulait lui faire, en lui présentant une généalogie
qui le faisait descendre de la maison Silva, famille distinguée de Portugal, royaume dont il
est originaire, qui s'était contenté de répondre
modestement au duc de Silva qui lui avait mar-

____

(1) Père de S. M. Louis XVIII glorieusement régnant.

qué dans une lettre qu'ils étaient parens; que cet honneur le flatterait infiniment s'il croyait qu'il eût un fondement réel, mais qu'il se bornait à faire de son mieux pour n'en être pas indigne. M. Silva, dis-je, mettant à profit la complaisance du Roi, supplia Sa Majesté de lui accorder des lettres de noblesse. Elles furent expédiées pour lui et sa postérité, au mois de février 1738. On lui donna pour armes un écu d'azur, un dauphin d'argent et une bordure d'or semée de fleurs de lis d'azur; cet écu, timbré d'un casque de profil, est orné de ses lambrequins d'or, d'azur et d'argent.

C'est de ce titre authentique que sont tirés les principaux traits que contiennent ces mémoires. Ces lettres rappellent encore, entre autres choses glorieuses à M. Silva, que plusieurs souverains de l'Europe l'ont honoré de leur confiance, et ont toujours éprouvé combien il en était digne; que, né avec les plus heureuses dispositions, cultivées par une étude assidue et un travail sans relâche, il en a fait depuis trente-cinq ans ressentir les avantages au public; que, jaloux de multiplier ses secours, il a formé des sujets qui commencent à partager avec lui cette confiance générale qu'il a si justement acquise. Il n'y a rien dans ces éloges que le public ne sache parfaitement, si ce n'est le nom des princes souverains qui ont honoré M. Silva de leur confiance.

On a remarqué ci-devant qu'il fut appelé à Munich par l'électeur de Bavière. On ajoutera ici que S. A. R. Monseigneur le duc de Lorraine lui fit l'honneur de le consulter, et que la czarine Catherine le souhaita pour son premier médecin, et lui fit proposer des avantages assez considérables pour tenter une personne moins attachée que lui à la famille royale, et au pays auquel il devait sa naissance, sa réputation et sa fortune.

Quelque versé que fût M. Silva dans la connaissance de l'anatomie, de la chimie, de la pharmacie, etc., comme ses occupations ne lui laissaient le temps que de profiter des découvertes des autres, dont il payait souvent la confidence par les conséquences lumineuses qu'il en tirait, et qu'il ne voulait point entrer dans une compagnie sans remplir les obligations que contractent ceux qui la composent; il jugea que ses occupations lui fermaient l'entrée des compagnies savantes, qui, sans bannir les raisonnemens qu'elles se font une loi de ne point adopter, se restreignent à amasser des faits certains et avérés qui leur servent de degrés pour monter au sanctuaire de la nature. Il ne goûta pas davantage, par la même raison, la proposition que lui fit M. l'abbé Bignon de le faire associer à l'Académie (1) française, dont les occupations lui parurent moins incompatibles avec les siennes ; mais le peu de rapport qu'il trouva entre l'objet de cette compagnie et celui qu'un médecin doit se proposer, lui fit bientôt perdre de vue ce projet. Il serait donc mort sans participer aux honneurs littéraires qu'il méritait à tant de titres, si l'Académie des belles-lettres, sciences et arts, établie à Bordeaux, ne l'eût adopté en qualité de médecin associé. Et il en était temps : car sa mort suivit de près la délibération de cette compagnie, qui est du 14 janvier 1742. Il était dans sa soixante et unième année. L'étendue de ses connaissances recevait un nouveau mérite d'une éloquence naturelle, qui lui faisait toujours trouver les termes les plus propres et les tours les plus heureux pour rendre ses pensées, avantage également propre à se rendre aimable aux personnes en santé, et à consoler les malades, en ranimant leur courage, et faisant renaître l'espérance dans les cœurs abattus. Ses occupations ne l'empêchaient point, du moins, dans les derniers temps, où il s'était borné à un certain nombre de malades, de chercher les occasions de remplir tous les jours des devoirs que l'Église a restreints aux fêtes et aux di-

_____

(1) Des inscriptions, il ne lui restait que l'Académie.

2

manches, et lui fournissaient les moyens de répandre dans le sein des pauvres des charités, d'autant plus estimables, qu'ils n'en ont connu la source que qnand elle a cessé de couler pour eux. M. Silva a laissé une fortune avantageuse à deux enfans qui lui sont restés d'un plus grand nombre : M. Adrien-Clément Silva, conseiller au grand-conseil, et dame. . . . . Silva, mariée à M. Renard de Rouffiac, receveur-général des finances.

Réimprimé par RENAUDIERE, Marché-Neuf, N°. 48, à Paris.

www.ingramcontent.com/pod-product-compliance
Lightning Source LLC
LaVergne TN
LVHW010128060726
842524LV00005B/1797